MON-JOIE

FAIT PEUR

Coulommiers. — Imprimerie de A. MOUSSIN.

MON-JOIE

FAIT PEUR

PARODIE DE FAMILLE EN UN ACTE

PAR

MM. SIRAUDIN & ERNEST BLUM

Représentée pour la première fois, à Paris, sur le théâtre des Variétés, le 25 novembre 1863.

PARIS

E. DENTU, ÉDITEUR

LIBRAIRE DE LA SOCIÉTÉ DES GENS DE LETTRES

PALAIS-ROYAL, 17 ET 19, GALERIE D'ORLÉANS

Et à la LIBRAIRIE CENTRALE, 24, boulevard des Italiens.

1863

PERSONNAGES.	ACTEURS.
PALADIN.	MM. Charles Pérey.
RABAT-JOIE	Couder.
GOBERGE.	Ch. Blondelet
BLAGADARÈS	Alex. Guyon.
CADET BELŒIL.	Hittemans.
TOINETTE.	Mlles Aline Duval.
MADAME BLAGADARÈS.	L. Durand.
FIFILLE.	Julia H.
FISTON	Alice.

Toutes les indications sont prises de la gauche et de la droite du spectateur. — Les personnages sont inscrits en tête des scènes dans l'ordre qu'ils occupent au théâtre. — Les changements de position sont indiqués par des renvois au bas des pages.

MON-JOIE

FAIT PEUR

Un salon. — Porte au fond. — Portes latérales. — A droite, une
table avec tapis, papier, plume et encre. — A gauche, un guéridon. — Fauteuils et chaises recouverts de housses. — Au fond, à
droite, une fenêtre; au fond un écriteau portant : Salon de
Famille.

SCÈNE PREMIÈRE.

GOBERGE, puis RABAT-JOIE.

GOBERGE, seul. — Il s'avance sur la rampe.

Voici la chose : en ma qualité de concierge, je reçois toutes
les lettres de mon maître, que l'on a surnommé M. Rabat-joie,
à cause de son excellent caractère... Ces lettres, je les lis...
je sais que c'est indiscret... que c'est ignoble... c'est portier !...
mais c'est plus fort que moi... Si bien que, depuis quinze
ans, j'ai un secret qui m'étouffe et que je n'ose raconter à
personne... je vais donc vous le confier. — C'était en 1844.
— Monsieur Rabat-joie avait manigancé une société en com-
mandite avec un certain monsieur Belœil. — Il s'agissait
d'exploiter les terrains incultes de la Champagne... pou-
dreuse, où l'on avait découvert une mine de truffes... une
truffière...

RABAT-JOIE, en dehors.

Goberge !... Goberge !...

GOBERGE.

Allons, bien !... voilà que le bourgeois m'interrompt !...

RABAT-JOIE *, entrant par la droite.

Eh bien ! animal, c'est ainsi que tu réponds...

GOBERGE.

Vous ne m'en avez pas laissé le temps, monsieur... je ne
suis pas un fil électrique.

RABAT-JOIE.

C'est bon !... Préviens mon fils que j'ai à converser avec
lui ! (On entend Fiston chanter en dehors.)

* Gob. Rab.

GOBERGE.

C'est complètement inutile, monsieur, je l'entends qui arrive de son propre mouvement.

RABAT-JOIE.

Bien ! va voir à la loge si j'y suis, et si je n'y suis pas tu le verras bien...

GOBERGE.

Oui, monsieur... (Au public.) Pour mon secret, c'est partie remise... Au revoir, jamais adieu. (Il sort par le fond.)

SCÈNE II

FISTON, RABAT-JOIE.

FISTON, entrant par le fond.

Bonjour p'pa !

RABAT-JOIE.

Bonjour Fiston ! mais qu'as-tu donc ?... tu as l'air fatigué !...

FISTON.

Moi ?

RABAT-JOIE.

Aurais-tu travaillé cette nuit ? (Fiston fait un geste de dénégation.) Tu sais que ça ne m'irait pas. Je suis un homme fort... Tu connais mes principes : les jeunes gens qui travaillent sont des crétins... le jeune homme qui ne fait rien... C'est l'avenir de la France, c'est la réserve du pays !...

FISTON.

Sois tranquille, papa... si j'ai l'air un peu esquinté... c'est que j'ai soupé cette nuit...

RABAT-JOIE.

Parfait !

FISTON.

Avec des dames panachées.

RABAT-JOIE.

Très-bien !

FISTON.

Et puis j'ai joué !...

RABAT-JOIE.

C'est au mieux !

FISTON.

Et j'ai perdu !

RABAT-JOIE.

Bravo !... Combien ?

FISTON.

37 francs 25.

RABAT-JOIE, lui donnant une feuille de timbres-poste, qu'il prend sur la table.

Voici l'argent en timbres-poste !... Et surtout retiens bien ceci... car je suis un homme fort : rends-toi inutile !

FISTON.

Oui p'pa... (A part.) En v'là un auteur agréable ! quel dommage ! que je n'en aie pas deux comme ça ! (Haut et lui portant une botte.) Adieu, p'pa ! (Il sort par le fond.)

RABAT-JOIE, pendant qu'il sort.

Adieu, Fiston !

SCÈNE III

RABAT-JOIE, puis TOINETTE.

RABAT-JOIE.

Je crois ce jeune gas... carrément élevé !... J'aime à penser qu'il sera la joie ou le désagrêment de mes cheveux gris !... (Voyant entrer Toinette.) Ma femme... autre musique.

TOINETTE *, entrant par la droite.

Bonjour, mon ami !... (Elle a un journal à la main.

RABAT-JOIE.

Ma chère épouse, madame Rabat-joie !...

TOINETTE.

Peut-on vous en dire deux ?

RABAT-JOIE.

Ça ne m'amuse pas... mais allez-y.

TOINETTE.

Voyez ! (Elle lui montre le journal.)

RABAT-JOIE.

Ah ! bon ! le journal l'*Union* !... Et puis après ?...

TOINETTE.

Je l'ai choisi exprès... Lisez entre les faillites et les décès...

RABAT-JOIE.

Il y a des mariages... comme c'est heureusement placé !...

TOINETTE.

Eh bien... parmi ces noms le nôtre ne figure pas... (Elle lui montre du doigt.)

RABAT-JOIE, prenant le journal qu'il met dans sa poche.

C'est vrai, madame, et puis après ?

TOINETTE.

Oh !... Et quand on pense que voilà dix-huit ans que vous me lanternez ainsi !... Rabat-joie... j'en ai assez ! Rabat-joie... je sens les larmes qui arrivent... je vais pleurer comme une biche...

* Rab. Toin.

RABAT-JOIE.

Madame !

TOINETTE.

Oui... une biche !... car on n'est qu'une biche, quand on
est la femme d'un époux qui n'est pas votre mari...

RABAT-JOIE.

Ah ! Toinette, si vous tombez dans le bleu !...

TOINETTE.

Air *des Feuilles mortes.*

Pourquoi me refuser ?... J' n'en veux pas à vot' bourse !
Je ne veux que le droit d' vous nommer mon époux !
La mairie est tout près, ça n'est qu'un' petit' course,
La course d'un quart-d'heure et ça n' cout' que vingt sous.
Que me reprochez-vous ?... J' n'aim' pas les liqueurs fortes,
Je suis sage, économe, et j'ai de l'embonpoint !
Je vous dis, en tremblant, sur l'air *des Feuilles mortes :*
Conduisez-moi chez l' maire ou chez M. l'adjoint.
Si vous me r'fusez l' maire, ah ! payez-moi l'adjoint !

RABAT-JOIE.

Vous êtes exigeante, ma mie !...

TOINETTE.

Mais vous ne savez donc pas qu'on potine dans le quartier...
on dit que vous m'avez épousée de la main gauche... Ça fait
rire les fruitières !.., Rabat-joie... je demande à être épousée
de la dextre.

RABAT-JOIE, lui prenant la main avec douceur.

Toinette, un homme qui ne serait pas comme il faut vous
dirait des choses qui ne le seraient pas... mais je suis un homme
comme il faut... et je vous dis des choses qui le sont... (Changeant de ton.) A c'tte cuisine !.. et tout de suite !...

TOINETTE.

Vous me renvoyez ?

RABAT-JOIE.

J'essaie !...

TOINETTE.

C'est bien !... je m'élague... mais je reviendrai... Quand
une femme comme moi a quelque chose là... elle ne l'a pas
dans son armoire à glace !... Adieu !

RABAT-JOIE.

Bonne brise ! (Au moment où Toinette va pour sortir, on entend le
son d'une guitare, puis une voix chanter dans la cour un refrain populaire ad libitum.

TOINETTE.

Écoutez !... La musique rend l'homme meilleur... jolie
voix ! charmant galoubet !

RABAT-JOIE.

C'est un Troyen !...

TOINETTE, allant à la fenêtre.

C'est un pauvre artiste... Tenez mon brave ! voilà dix sous !
(Elle jette une pièce de monnaie.)

RABAT-JOIE.

Mazette !... dix sous! comme vous y allez !

TOINETTE, fermant la fenêtre.

Qu'est-ce que ça me fait ?... puisque nous ne sommes pas
mariés — c'est votre argent qui roule... ça n'est pas le mien.
(On entend frapper au fond.)

RABAT-JOIE.

Entrez !

SCÈNE IV

RABAT-JOIE, PALADIN, TOINETTE.

PALADIN, entrant par le fond.

Pardon excuse, société !... (Il est misérablement vêtu et porte
une mandoline en santoir.)

TOINETTE.

Tiens ! l'homme à la guitare !

PALADIN, à Toinette.

Ne serait-ce pas vous qui m'auriez fortuitement jeté cette
pièce de dix sous?

TOINETTE.

Serait-elle fausse ?

PALADIN.

Non !... mais je vous rapporte huit sous.

TOINETTE.

Huit sous?

PALADIN.

Je n'ai droit qu'à deux sous. — C'est le prix des chan-
teurs des rues... voilà votre reste.

TOINETTE, prenant l'argent.

Quel honnête homme !

RABAT-JOIE, à part.

Quel imbécile ! (Le regardant. — Haut.) Ciel !...

PALADIN.

Que vois-je ?

RABAT-JOIE.

Paladin !

PALADIN.

Rabat-Joie !

RABAT-JOIE.

Dans mes bras ! (Il se jette dans les bras de Paladin et par-dessus son épaule il s'adresse à Toinette.) Madame!... c'est une scène de reconnaissance!... vous êtes de trop... filez... (Il fait pirouetter Paladin.)

* TOINETTE.

Je comprends à demi mot... et je me retire.

Air connu.

Ah! l'honnête homme! (bis.)
RABAT-JOIE ET PALADIN, chantant, air connu.
Beaux jours de notre enfance,
Vous voilà revenus.
TOINETTE, en voix de basse.
L'honnête hooomme!...
RABAT-JOIE ET PALADIN.
Beaux jours de notre enfance, etc.

(Toinette sort par la droite.)

SCÈNE V

PALADIN, RABAT-JOIE, puis GOBERGE.

RABAT-JOIE.

Toi, mon ami d'enfance... en ténor de carrefour?

PALADIN.

Comme tu vois! j'ai des recueils de deux sous, de quatre sous... tout ce que je chante pour six sous.

RABAT-JOIE.

Veux-tu déjeuner avec moi?

PALADIN,

Je ne dis pas non. — Mais, auparavant, sache le bien... Je suis un homme pur!... j'ai la voix fausse, mais l'âme juste; je n'ai pas le sou, mais j'ai un cœur d'or... C'est même ce qui m'a perdu... Donc si tu m'offres à déjeuner; j'aime à penser qu'il n'y a pas de coquineries là dessous.

RABAT-JOIE, allant à la fenêtre.

Sois tranquille!... Je vais sonner mon omelette par la fenêtre... brrrr! brrrr!... (on entend répondre : Brrrr.) C'est mon portier qui me l'apporte. (Examinant Paladin.) Mon pauvre ami, dans quel paletot je te retrouve!... mais tu as l'air d'un voleur.

PALADIN.

Dis plutôt d'un volé.

RABAT-JOIE.

Tu ne manques pas d'esprit; mais tu manques d'escarpins.

* Pal. Rab. Toin.

* GOBERGE, entrant par le fond avec un plateau garni.

Voilà le déjeuner, monsieur. (Il pose le plateau sur le guéridon, et pendant que Rabat-Joie et Paladin causent à voix basse, il vient sur le devant de la scène et dit en confidence au public :) Je continue : une truffière !... mais, de même qu'en Californie nous avons les chercheurs d'or, en Champagne il fallait des chercheurs de truffes...

RABAT-JOIE.

Eh bien ?...

GOBERGE.

Voilà monsieur, voilà. (Il met le guéridon au milieu du théâtre.)

RABAT-JOIE.

Laisse-nous. — Et à table !

GOBERGE, au public.

Je reviens. (Il sort par le fond.)

** PALADIN.

A table ! laisse-moi remiser ma guitare. (Il la met ainsi que son chapeau sous le guéridon.)

RABAT-JOIE.

A ton aise ! — maintenant assieds-toi et déroule ta biographie. (Ils s'asseyent.)

PALADIN.

Volontiers. — Tu vois en moi un de nos plus jolis puritains. Je suis une victime du cri du cœur !...

RABAT-JOIE.

Le cri du cœur ?... qu'est-ce que c'est que ça ?

PALADIN.

Le cri du cœur : c'est la conscience qui regimbe !... c'est l'âme qui se rebiffe !... C'est l'estomac qui se révolte !

RABAT-JOIE, le servant.

Veux-tu un œuf à la coque ?

PALADIN.

Volontiers !

RABAT-JOIE.

Avec des mouillettes ?...

PALADIN.

Une seule me suffit !... (Il se taille une mouillette de la longueur du pain.) Là, voilà !... je reprends !... mon ami, j'ai une toccade... être agréable à mes semblables... c'est pourquoi, dans le but d'inculquer aux masses le goût des réjouissances publiques... tout en les instruisant dans l'art de la gymnastique... je me fis fabricant de mâts de cocagne, en chambre.

RABAT-JOIE.

C'est d'une âme élevée.

* Gob. Pal. Rab.
** Pal. Rab.

PALADIN.

Malheureusement je logeais au cinquième étage... ça me gênait pour confectionner mes produits. — Tu comprends... Les peupliers avaient de la peine à se tenir debout chez moi... je lâchai donc cette partie...

RABAT-JOIE.

Bois donc !... un verre de vin ?...

PALADIN.

Un doigt seulement ! rien qu'un doigt ou je m'en vais...

RABAT-JOIE.

Comme tu voudras. (Il verse à Paladin qui tend son verre et pose son doigt en long, de façon que le verre est plein jusqu'au bord.)

PALADIN.

Un doigt !... (Quand le verre est plein.) Ça y est.

RABAT-JOIE, riant.

Continue.

PALADIN.

Je m'embarquai... j'avais une idée !... Je me disais : je trouverai des amis, au désert, dans les savanes... ils s'ennuient... allons les distraire... j'arrivai au fond du Mississipi, pour y établir des lavoirs publics. — La propreté c'est la richesse des nations, le blanchissage, c'est la sauvegarde de la société... le savon adoucit les mœurs... j'établis donc des lavoirs... mais... je m'aperçus, trop tard, que messieurs les sauvages n' vaient pas de linge...

RABAT-JOIE.

Où il 'y a pas de linge, le lavoir perd ses droits.

PALADIN.

Je ne e rebutai pas... je poussai... jusques vers les contrées les plus inconnues... et je débarquai dans une île composée de uit Indigènes...

RABAT-JOIE.

C'était maigre !...

PALADIN.

Eh bien, le croirais-tu ? mon cher... à la fin de la semaine e fus nommé Roi !...

RABAT-JOIE.

Roi, toi ?

PALADIN.

Roi, moi! sous le nom de Paladin, ou la lampe merveilleuse. — Seulement au bout d'un mois... le cri du cœur éclata !... je conspirai sourdement contre mon propre trône... et je demandai la République... je ne trouvai pas d'écho. — On me remit mes passe-ports.

RABAT-JOIE.

Trop de cœur à la clef !

PALADIN.

Enfin que te dirai-je?... je revins en France... où je me fis
teneur de livres en partie trouble, j'ai été saltimbanque,
médium, torréador, charmeur d'oiseaux... (se levant.) j'ai été
prophète !...

RABAT-JOIE, se levant.

Prophète ?

PALADIN.

Oui, sur un char, au carnaval. — Enfin, mon vieil ami,
j'en suis réduit à racler de cette mandoline dans les carre-
fours. (Il reprend sa mandoline.)

Air : *du roi de Béotie.*

Voilà l'histoire de ma vie :
Toujours en bas, en haut, jamais !
Dans l'éternelle comédie,
J'ai rempli le rôle de niais ;
Mais, gaîment, je suis mon étoile,
Et l'on me trouvera sans peur,
Quand sur moi baissera la toile
Et qu'on demandera l'auteur !
Oui, j'attends qu'on baisse la toile...
Jusques-là, je suis monétoile,
Gaîment, gaîment, je suis mon étoile.

Demandez les recueils... deux sous et quatre sous! Dans
ceux de quatre sous vous avez deux fois la même... quelle
chance !

RABAT-JOIE, prenant son verre.

A ta santé !

PALADIN, de même.

A la tienne ! (Ils trinquent.)

RABAT-JOIE.

Étienne... sans rancune...

PALADIN.

Aucune... à nous deux...

RABAT-JOIE.

Mon vieux... avalons...

PALADIN.

Tonnerre... dix minutes d'arrêt. (Ils boivent et se rasseyent.
— Paladin remet sa mandoline sous le guéridon.) A toi la pose !

RABAT-JOIE.

Moi, mon cher Paladin, j'ai pris une autre route. J'ai fait
mon chemin sans bouger de chez moi...

PALADIN.

Honnêtement ?

RABAT-JOIE.

Parbleu! J'ai fondu... non... fondé une foule de sociétés...

Tiens, en ce moment-ci je m'occupe d'une entreprise à tout casser... Il s'agit du macadamisage des salons. J'implante les squares à domicile : je fais pousser le gazon dans les chambres à coucher, le potager dans les cuisines..... Bref, je mets la nature à la portée de tous les étages !

PALADIN.

C'est une noble coloquinte !

RABAT-JOIE.

Aussi les actions font prime... à ce point qu'avec les bénéfices du mois dernier... je suis devenu le propriétaire de cette maison.

PALADIN.

Honnêtement ?

RABAT-JOIE.

Toujours ! — Mais les locataires n'arrivent pas ! J'ai encore sur les bras un second, un cinquième et le sous-sol..... Eh mais, j'y songe : si je te colloquais mon cinquième !

PALADIN.

A moi ?

RABAT-JOIE.

Oui... Deux petites pièces..... sans cheminée... ça ne fume pas...

PALADIN.

Oui... mais le prix ?

RABAT-JOIE.

Je te le donne pour rien !...

PALADIN, sévèrement, et se levant.

Rabat-Joie !

RABAT-JOIE, se levant aussi.

Voyons !... que ton cœur se taise !... En échange de ce logement... je te demanderai... tes services... j'ai besoin d'un honnête homme qui rédige mes réclames... un homme habitué à dire la vérité à trois francs la ligne. Veux-tu être cet homme ?

PALADIN.

Il n'y a rien de louche là-dessous?..

RABAT-JOIE.

Au contraire !

PALADIN, reprenant son chapeau et sa mandoline.

J'accepte ! Mais méfie-toi... A la moindre gredinerie, crac ! le cri du cœur ! Je te donne tes huit jours !

RABAT-JOIE.

C'est convenu. — Va dire à mon portier de te décrocher un de mes paletots, et attends mes ordres.

PALADIN.

Rabat-Joie, tu es magnifique ! Rabat-Joie, tu es grand !

RABAT-JOIE

Non, c'est toi qui es petit!

ENSEMBLE.

Air populaire.

Sapristi! qu'est-ce qui paiera
La goutte à la pa,
A la pa pa?
Sapristi! qu'est-ce qui paiera
La goutte à la patrouille?

(Paladin sort par le fond.)

SCÈNE VI

RABAT-JOIE, puis GOBERGE, puis BELOEIL.

RABAT-JOIE, seul, regardant sortir Paladin.

Riche nature... C'est un idiot qui peut me servir... Il n'y a pas à dire... Je suis un homme fort : je viens de placer mon cinquième, et j'ai une idée pour mon sous-sol... (Regardant à sa montre.) **Midi!... c'est l'heure...** (Goberge entre par le fond.)

GOBERGE *.

Monsieur, il y a là..... un col-cassé qui désire vous parler! (Il range le guéridon à gauche et prend le plateau.)

RABAT-JOIE.

Pousse-le jusqu'ici!...

GOBERGE, à la porte du fond.

Monsieur?..... (Beloeil entre. — **A part, en l'examinant.**) **Bien sûr, j'ai vu ces favoris-là quelque part.** (Il sort par le fond en emportant le plateau.)

BELOEIL. **.

Monsieur Rabat-Joie, sans vous commander?...

RABAT-JOIE, à part.

C'est lui. (Haut.) **C'est moi, jeune homme... Veuillez vous asseoir.** (A part.) **Il a de la tenue... mais qu'il ignore toujours que je n'ai pas été gentil avec son père!...**

BELOEIL, s'asseyant ainsi que Rabat-Joie.

Monsieur, j'ai reçu votre honorée du 17, et en garçon bien élevé je déboule chez vous le 18...

RABAT-JOIE, à part.

Il a du style!

BELOEIL.

Vous me dites avoir à m'entretenir de mes intérêts...., ça

* Gob. Rab.
** Bel. Rab.

m'a décidé. Sans ce motif puissant... je ne serais pas venu...
étant naturellement très-timide...

RABAT-JOIE.

Jeune homme, — j'ai beaucoup connu..... monsieur votre
père..... Il était grêlé, mais bon travailleur. — Quant à son
intelligence.., je ne crois pas que cè soit lui qui ait inventé le
fil à couper le beurre !...

BELOEIL.

C'était mon père !...

RABAT-JOIE.

C'est juste ! Je crois avoir été un peu son associé. — Grâce
à ce souvenir... vous m'intéressez... et comme en ce moment
j'ai besoin d'un commis... j'ai pensé à vous. — Je sais que
vous n'êtes pas très-calé.

BELOEIL.

Je suis très-timide, voilà tout !

RABAT-JOIE.

La place que je vous propose est de quinze cênts francs...

BELOEIL, se levant.

Quinze cents francs... mais c'est de la manne que vous
m'offrez. — J'accepte !

RABAT-JOIE, de même.

Très-bien !... Ah ! je dois vous prévenir... d'une chose : —
il est absolument nécessaire que vous logiez dans ma maison.

BELOEIL.

Dame ! s'il le faut...

RABAT-JOIE.

Précisément. J'ai de vacant un petit sous-sol qui vous con-
viendrait fort !...

BELOEIL.

Est-ce cher ?

RABAT-JOIE.

Oh ! pour rien... deux mille francs par an !...

BELOEIL.

Voyons donc !... Pardon, je suis si timide que je n'ose pas
compter devant vous.

RABAT-JOIE.

Si je vous gêne, je vais m'en aller...

BELOEIL.

Oh ! non... je me retournerai. (Il se retourne et compte sur son
carnet.)

RABAT-JOIE, à part.

Mon plan est bien simple : je lui donne une place de quinze
cents francs, et je lui loue deux mille mon sous-sol, avec un
bail de trois ans. — Le lendemain, je le fiche à la porte de sa
place, et j'ai toujours mon bail ! C'est simple comme l'aïeule !

BELOEIL, se retournant.

Mais, j'y songe... j'y suis de cinq cents francs du mien !

RABAT-JOIE.

Oui, mais vous avez une place !

BELOEIL.

C'est juste !

RABAT-JOIE.

Et des cheminées qui ne fument qu'en hiver...

BELOEIL.

Je demande à réfléchir.

RABAT-JOIE.

Comment donc !... prenez votre temps... Je vous donne
cinq minutes. (Beloeil se remet à compter.)

SCÈNE VII

LES PRÉCÉDENTS, FIFILLE.

FIFILLE *, à la porte de droite.

Peut-on entrer ? (Elle s'avance.)

RABAT-JOIE.

Ma fille !... (Il l'embrasse.)

FIFILLE.

Papa !... je vous apporte mon petit cadeau de tous les ma-
tins... une brioche... (Elle la lui donne.)

RABAT-JOIE.

Une brioche de la porte... Saint-Denis...

FIFILLE.

Elle est bouillante !...

RABAT-JOIE.

Oui, mais elle est rassie !

BELOEIL, comptant sur ses doigts.

Décidément, en comptant bien, l'affaire est mauvaise.

FIFILLE, à son père.

Quel est ce blondin ?

RABAT-JOIE.

Un commis que j'embauche.

FIFILLE.

Je vais le saluer pour mieux le voir... (Allant à Beloeil) Monsieur... (Elle le salue.)

BELOEIL **, saluant.

Mademoiselle... (Ah !)...

FIFILLE.

Oh !

* Bel. Rab. Fif.
** Bel. Fif. Rab.

BELOEIL.

C'est elle !

FIFILLE.

C'est lui !

RABAT-JOIE.

Ils se connaissent ! — Vous vous connaissez ?

FIFILLE.

Non, p'pa ! mais il me semble que c'est le blond que j'attendais.

BELOEIL.

Il me semble que c'est la châtaigne de mes rêves.

RABAT-JOIE *, passant près de Belœil.

C'est ma fille... jeune homme !

BELOEIL, vivement.

Votre fille ?... mais alors... c'est tout réfléchi... Monsieur ! j'accepte votre place...

RABAT-JOIE.

Et le logement ?

BELOEIL (regardant Fifille,)

Oui... et le logement.

FIFILLE (bas.).

Je ne sais ce que j'éprouve près de ce jeune homme pauvre.... mais c'est bien drôle... (Haut) je m'en vais p'pa !

BELOEIL.

Et moi aussi !... Je vais donner le denier à Dieu au portier.

FIFILLE.

Et moi, je cours embrasser maman... dans ces situations-là, on doit toujours aller embrasser sa maman.

Air : Gentille fiancée.

RABAT-JOIE, à part.
Je devine leur pensée...
L'effet était attendu !

FIFILLE, à part.
Je crois que je suis pincée !

BELOEIL, à part.
Je crois que je suis mordu !
C'est ma première envie,
C'est mon premier objet !

FIFILLE, à part.
Du roman de ma vie
C'est le premier feuillet.

ENSEMBLE.

RABAT-JOIE, à part.
Leur embarras redouble...

---

* Bel. Rab. Fif.

BELOEIL ET FIFILLE, à part.
Mon embarras redouble...

RABAT-JOIE, à part.
Ils vont cacher leur trouble.

BELOEIL ET FIFILLE, à part.
Allons cacher mon trouble.

RABAT-JOIE, à part.
C'est rempli d'intérêt ! (*bis.*)
C'est pétri d'intérêt !
C'est bourré d'intérêt !
Y en a-t-il de c't intérêt !

BELOEIL ET FIFILLE, à part.
Ou', c'est plein d'intérêt. (5 *fois.*)

(Après l'ensemble, Fifille rentre à gauche, Belœil sort par le fond.)

SCÈNE VII

RABAT-JOIE, puis MADAME BLAGADARÈS.

RABAT-JOIE, (seul, avec joie.).

Ça va bien ! mon cinquième est loué, mon sous-sol est loué... Il ne me reste plus que mon second... mais j'ai une idée locative... mettons-la à exécution. (Il s'assied à la table et écrit.)

« Adorable Brésilienne, cette nuit, je vous ai rencontrée
» dans la Société du faubourg Saint-Germain, à la Closerie des
» Lilas ; dans cette ruche du beau monde où vous étiez la
» reine-abeille, vous avez accepté ma photographie au charbon
» de terre.... Soyez bénie! Et n'oubliez pas qu'il y a un ap-
» partement vacant dans ma maison ; en le faisant louer par
» votre mari, nos cœurs pourront battre sous le même toit.

« RABAT-JOIE. »

« On a le gaz et l'eau de Seine. »
(Pliant la lettre) Est-ce assez malin ? Suis-je assez homme fort ?

* MADAME BLAGADARÈS entrant par le fond avec agitation
Ah ! Monsieur Rabat-joie !

RABAT-JOIE, se levant, à part.
Ma Brésilienne ! (Il va à elle.)

MADAME BLAGADARÈS.
Vous êtes seul ?

RABAT-JOIE passant à gauche.
Comme Robinson Crusoé, avant son annexion à Vendredi.. mais qu'y a-t-il ?

MADAME BLAGADARÈS.
Il y a que nous sommes perdus !

* Madame Bla. Rab.

RABAT-JOIE.

Perdus ?

MADAME BLAGADARÈS.

Votre photographie au charbon... encadrée dans une broche en or... que vous m'avez forcée d'accepter cette nuit au bal...

RABAT-JOIE.

Eh bien?

*MADAME BLAGADARÈS.

Eh bien.... mon mari l'a pincée.... ce matin sur mon lavabo.

RABAT-JOIE.

Bigre !

MADAME BLAGADARÈS.

Il est furieux ! ses yeux jouent au loto. Je suis sûr qu'il va venir...

RABAT-JOIE.

Fichtre !

MADAME BLAGADARÈS.

(Ecoutant.) Ecoutez une roue... un carrosse... on dégringole dans l'escalier... je suis perdue !... c'est lui ! (Elle se cache derrière Rabat-joie.

RABAT-JOIE.

C'est lui ! (Blagadarès entre par le fond. — Il a pour épingle de cravate une énorme broche ornée d'une grande photographie.)

SCÈNE VIII

LES PRÉCÉDENTS, BLAGADARÈS.

** BLAGADARÈS, d'un air farouche.

Monsieur Rabat-joie !...

RABAT-JOIE, à part.

Quel air farouche !

MADAME BLAGADARÈS, s'abritant derrière Rabat-joie, à part.

Je tremble !

BLAGADARÈS, même ton.

J'ai l'habitude d'aller droit au but ! je suis carré !

RABAT-JOIE.

Nous y voilà !

BLAGADARÈS, sans voir sa femme.

Dans mon pays... à Lima, les chemins de traverse sont inconnus... et tel... que vous me voyez... un jaguar... un jaguar se trouverait sur mon passage... que... Bing !...

* Rab. madame Bla.
** Blag. Rab. madame Blag.

RABAT-JOIE ET MADAME BLAGADARÈS, l'un après l'autre.
Bing !

BLAGADARÈS.

Tenez.... ce matin... je suis allé au jardin des Plantes...
j'ai renouvelé connaissance avec la panthère noire de Java...

RABAT-JOIE.

Vous étiez en relations !

BLAGADARÈS.

C'est ma sœur de lait !... Le même sein nous a nourris tous
deux... Elle m'a sauté au cou... j'en ai fait autant. C'était
un plaisir de voir deux races différentes s'apprécier avec tant
d'effusion !

RABAT-JOIE, à part.

Il caresse des panthères !...

MADAME BLAGADARÈS, bas à Rabat-joie.

Cachez-moi bien !...

BLAGADARÈS.

Dans nos vifs épanchements, la panthère noire a eu l'im-
prudence de me griffer la main... La colère me saisit... et
Bing !

RABAT-JOIE ET MADAME BLAGADARÈS, de même que ci-dessus.

Bing !

BLAGADARÈS.

Ma sœur de lait ne remue plus.. Tenez ! voyez comme elle
m'avait arrangé ! (Il lui fait voir la main droite.)

RABAT-JOIE.

Ça ne parait pas beaucoup.

BLAGADARÈS.

C'est en dedans. (S'approchant et apercevant sa femme.) Tiens !..
(d'un ton radouci) vous êtes là... chère amie ?...

RABAT-JOIE, d'un air embarrassé et jouant la surprise.

Tiens... c'est vrai...

MADAME BLAGADARÈS émue.

Oui...

BLAGADARÈS.

Ça va bien ?...

MADAME BLAGADARÈS, de même.

Oui..,

BLAGADARÈS.

Moi... j'ai la fièvre.... voyez cette blessure... (Il lui fait voir
la main gauche.)

RABAT-JOIE l'examinant.

Pardon... vous disiez tout à l'heure... que c'était à la main
droite...

BLAGADARÈS.

C'est vous qui étiez distrait. Vous examiniez sans doute ce

portrait.... que j'ai là... sur ma cravatte. (Il lui désigne la photographie.)

RABAT-JOIE, à part.

Mon image !

MADAME BLAGADARÈS à part.

Perdue ! perdue !

RABAT-JOIE embarrassé.

Je vais vous dire...

BLAGADARÈS, lui saisissant fortement la main.

Ce portrait est celui... (changeant de ton) d'un singe qui m'a sauvé la vie...

RABAT-JOIE, vexé et à part.

Un singe !...

BLAGADARÈS.

Il ne me quitte jamais... j'ai de ses cheveux dedans !

RABAT-JOIE, à part.

Çà m'est égal.., J'aime mieux cela !

MADAME BLAGADARÈS, à part.

Sauvée ! sauvée !

BLAGADARÈS.

Mais il ne s'agit pas de çà... Dites-moi... j'ai vu votre appartement du second...

RABAT-JOIE.

Ah ! Eh bien ?

BLAGADARÈS.

Eh bien ?... il n'est pas beau... les plafonds sont bas, mais il me va... je le prends.

RABAT-JOIE.

Vous savez que le prix est de...

BLAGADARÈS.

Je ne marchande pas !... c'est conclu !... Ah ! à propos... votre montre marche-t-elle ?

RABAT-JOIE.

Mais... oui. (Il tire sa montre.) Il est midi !...

BLAGADARÈS, tirant une grosse montre d'argent.

La mienne retarde sur la vôtre... (Lui faisant examiner sa montre.) Que dites-vous de cet objet d'art ?

RABART-JOIE.

Ça ? (A part.) Une bassinoire de quinze francs en argent... flattons-le tout de même. (Haut.) Le travail en est exquis...

BLAGADARÈS.

Elle vous plaît, n'est-ce pas ?

RABAT-JOIE.

Beaucoup.

BLAGADARÈS.

Prenez !... (Il lui tend la montre.)

RABAT-JOIE.

Vous dites ?

BLAGADARÈS.

Je vous dis : Prenez !... (D'un ton sévère.) Dans mon pays, c'est un usage accrédité... d'offrir à un ami l'objet qui lui tire l'œil.

RABAT-JOIE.

Mais permettez...

BLAGADARÈS.

Ça serait une injure de refuser... Et quand on me refuse... Bing !...

RABAT-JOIE ET MADAME BLAGADARÈS.

Bing !...

MADAME BLAGADARÈS, bas à Rabat-joie.

Prenez !...

RABAT-JOIE.

Avec plaisir ! (Il prend la montre.)

BLAGADARÈS.

Merci, ami !... (En disant ces mots, il prend la montre que Rabat-joie tient à la main.) Pour vous prouver mon affection, je garde la vôtre !...

RABAT-JOIE.

Pardon... pardon... c'est qu'elle est en or...

BLAGADARÈS.

Elle ne m'en sera que plus chère !... Mais, trève de mièvreries... je vous quitte... je suis attendu... Adio caro... (Il remonte.)

RABAT-JOIE *, passant à gauche, à part.

Caro... caro... caroteur !... Mais je suis refait !... moi un homme fort !...

BLAGADARÈS, redescendant.

Ah !... étourdi !... j'oubliais ma femme !... Venez-vous, cher ange ?

MADAME BLAGADARÈS.

A vos ordres, Alfredo !

RABAT-JOIE, à part.

Qui diable est-ce que cet homme-là ?... je le saurai au demi-terme.

ENSEMBLE.

Air *de la belle Polonaise.*

RABAT-JOIE.
Adieu donc, portez-vous bien.
Je possède un Brésilien ;

---

* Rab. Blag. madame Blag.

Je possède un Bré, un si, un lien,
    Un Brésilien !

M. ET MADAME BLAGADARÈS.
Adieu donc, portez-vous bien.

C'est le vœu d'un/d'mon Brésilien,

C'est le vœu d'un/d'mon Bré, d'un/d'mon si, d'un/d'mon lien,
    D'un/D'mon Brésilien.

(M. et Madame Blagadarès sortent par le fond et Rabat-Joie par la gauche. — Goberge entre alors par le fond, ôte les housses sous lesquelles il y en a d'autres et remplace l'écriteau par un autre portant ces mots : CHAMBRE DU PÈRE.)

SCÈNE IX

GOBERGE, seul, s'avançant vers le public.

Je continue : Il fallait des chercheurs de truffes... vous savez ?... des compagnons d'Ulysse... de ces intéressantes créatures, dont tout est bon depuis les pieds jusqu'à la tête... on en acheta... on les lâcha sur le turf... c'est-à-dire sur la truffe... et l'on s'aperçut, mais trop tard, que ce n'était pas en Champagne... mais bien dans le Périgord...

SCÈNE X

RABAT-JOIE, GOBERGE.

RABAT-JOIE, entrant par le fond.
Eh bien ?... que faites-vous là ?...

GOBERGE.
Monsieur...

RABAT-JOIE.
A votre loge !... et plus vite que ça.

GOBERGE.
Oui, monsieur... (Au public.) Je reviens. (Il sort par le fond.)

RABAT-JOIE, agité.
A-t-on jamais vu ça ?... on ne veut pas de mes actions... on jase sur mon compte !... on dit que jadis j'ai fourré dedans le père du sous-sol, avec qui j'étais associé... Comment parer ce coup-là ?... voyons donc, moi si fort, si comme il faut et si propriétaire. (Il réfléchit.)

SCÈNE XI

RABAT-JOIE, FIFILLE.

FIFILLE, entrant par la droite.
C'est moi, p'pa! avec ma brioche. (Elle la lui donne.)
RABAT-JOIE, à part.
Ma fille!... lisons dans son âme!... ça pourra me servir...
(Haut.) Dis-moi, Fifille... sais-tu bien au juste ton âge?
FIFILLE.
Oui, p'pa... dix-sept ans aux courses de Lamarche.
RABAT-JOIE.
Eh bien, ma fille, à cet âge, il arrive quelquefois qu'on loue
un fiacre à l'heure et qu'on va voir ce qui se passe à la mai-
rie de son arrondissement...
FIFILLE.
Toute seule?

RABAT-JOIE.
Non... avec des messieurs et des dames gantés de blanc.
FIFILLE, vivement.
J'ai deviné le rébus... Vous voulez me marier?
RABAT-JOIE.
Oui.

FIFILLE, jouant l'embarras.
Et... avec qui? Un jeune homme blond, avec des guêtres,
une moustache cirée, une jarretière en guise de cravatte, un
col brisé... Parlez, parlez... (Se radoucissant.) J'attends, p'pa!
RABAT-JOIE.
Ma foi! je n'ai pas encore trouvé l'homme qui te fera per-
dre ton nom... Mais voyons, si nous cherchions...
FIFILLE, lui prenant le bras.
C'est ça, cherchons... Dans la maison... Voulez-vous?...
RABAT-JOIE.
Soit!...

FIFILLE.
Au sous-sol...

RABAT-JOIE.
Comme tu voudras.
FIFILLE.
Nous avons... votre nouveau commis...
RABAT-JOIE.
Cadet Belœil!... je l'avais deviné! Tu l'aimes, fine mou-
che?

FIFILLE.
A en avoir une fièvre typhoïde, si je ne l'épouse pas.

RABAT-JOIE.

Eh bien... je consens à ce mariage... Dis-lui qu'il me demande ta main.

FIFILLE.

Moi?...

RABAT-JOIE.

Je sais bien que ça ne se fait pas!... c'est inusité, inconvenant même! mais je suis un monsieur qui y va gaiement, ta mère y a toujours été gaiement, ton frère y va gaiement, tu es ma fille, vas-y gaiement.

FIFILLE.

J'irai!...

RABAT-JOIE, à lui-même.

Le tour est fait... On ne jasera plus sur mon compte, quand on saura que ma fille épouse le fils de mon ancien copin!... Et elle l'aime! suis-je veinard!... c'est une série! c'est une main!... on monte!...

FIFILLE.

C'est lui!...

RABAT-JOIE.

Vas-y gaiement! vas-y gaiement! (Il sort par la gauche.)

SCÈNE XII

BELŒIL, FIFILLE.

BELŒIL, entrant par le fond, et à part.

La voilà!...

FIFILLE, à part.

C'est lui, je ne suis qu'une petite fille sans expérience. Je vais le rouler. (Elle tousse.) Hum! hum!

BELŒIL, s'avançant.

Mademoiselle, je dépose à vos pieds...

FIFILLE.

Quoi, monsieur?

BELŒIL.

Mes hommages.

FIFILLE.

Merci, monsieur... (Moment de silence. — A part.) Mon Dieu! qu'une jeune fille est embarrassée quand il faut qu'elle se jette à la tête d'un monsieur... (Haut.) Monsieur Cadet Belœil...

BELŒIL.

Mademoiselle?

FIFILLE.

Possédez-vous dans votre trousseau une cravatte blanche et un habit noir à queue de morue?

BELOEIL.

Mademoiselle... J'ai une cravate blanche... mais elle est de couleur... quant à l'habit à queue de morue... La morue... non, la queue manque...

FIFILLE.

C'est une veste alors !... (à part.) Soyons plus catégorique ! (haut.) Monsieur cadet, n'auriez-vous point d'aventure une paire de gants, de couleur claire... je n'ose dire serin, — pour éviter toute allusion, disons beurre frais.

BELOEIL.

Une paire de gants beurre frais, pourquoi faire, mademoiselle?

FIFILLE.

Mais dame... pour les grandes cérémonies... telles que visites, bals... ou demandes en mariage...

BELOEIL.

Non... je gante 18 $^1/_2$, et je trouve difficilement mon numéro.

FIFILLE, à part, le regardant.

Il est en pain d'épices... Enfin !... je l'aime ! tranchons dans le vif. (Haut.) Monsieur Belœil, vous n'êtes pas marié?

BELOEIL.

Pas pour l'instant...

FIFILLE.

Alors, naturellement vous êtes garçon ?

BELOEIL.

Naturellement !

FIFILLE.

Et dans ce cas là... votre cœur et votre main sont en disponibilité ?

BELOEIL.

Mademoiselle !... cette demande... à brûle paletot... excusez-moi, je suis si timide...

Air : *Je voulais bien.* (Fra Diavolo.)

Je n' comprends pas.

FIFILLE, à part.

Il n' comprend pas !

BELOEIL.

Expliquez-vous mieux, je vous prie.

FIFILLE.

Auprès d'une fille jolie
Votre cœur parle-t-il tout bas?

BELOEIL.

Je n' comprends pas.

FIFILLE, à part.

Il n' comprend pas !

BELOEIL.

Je n' comprends pas.

FIFILLE.

Et quand vous rencontrez un père
Qui, loin de se montrer sévère,
Pousse sa fille dans vos bras...

BELOEIL.

Je n' comprends pas.

FIFILLE, à part.

Il n' comprend pas !

BELOEIL.

Je n' comprends pas.

FIFILLE, à part.

Il n' comprend pas.

(Haut.)

Mais à la fin cela me vexe !

BELOEIL.

Hélas !

Je n' comprends pas.

FIFILLE.

Dieu ! qu'on est bêt' dans votre sexe !

BELOEIL.

Hélas !

Je n' comprends pas (*bis*),

ENSEMBLE.

FIFILLE.

Dieu qu'il est bêt' ! il n' comprend pas !
Il n' comprend pas !

BELOEIL.

C' n'est pas ma faut', je n' comprends pas !
Je n' comprends pas !

FIFILLE, à part.

Oh ! il est trop réussi ! (haut..) C'est bien, monsieur ! j'ai
beau vous mettre les points sur les I... vous ne voulez pas
comprendre... n'en parlons plus...

BELOEIL.

Mais mademoiselle.

FIFILLE.

N'en parlons plus, (à part.) Oh ! c'est égal, je n'en aurai pas
le démenti. (Haut.) N'en parlons plus. (Elle rentre à droite.)

BELOEIL, seul.

N'en parlons plus... de quoi ? mais de quoi ?

FIFILLE, rentrant.

Air précédent.

Me revoici (*bis*).

BELOEIL.
Ah! mademoiselle, je vous invite
A devenir plus explicite...
Comment voir clair dans tout ceci?
FIFILLE.
Voyez ici !
(Elle se retourne et laisse voir accrochée dans son dos une pancarte
sur laquelle on lit ces mots : *Demandez-moi en mariage à papa !*
BELOEIL.
Que vois-je ici ?
FIFILLE.
Voyez ici !
(Elle tourne autour de la table et passe à gauche.)
BELOEIL,* après avoir lu.
Ah! qu'ai-je lu ? joyeux message !
Vous demander en mariage !
C'est l'affiche du paradis !
Ah ! j'ai compris !
FIFILLE, à part.
Il a compris !
BELOEIL.
Oui, j'ai compris !
FIFILLE, à part.
Il a compris !
(Haut.)
C'était peut-être mal d'écrire...
Tant pis !
BELOEIL.
Non, j'ai compris !
FIFILLE, à part.
C'est fort heureux qu'il sache lire.
BELOEIL.
Compris ! (*bis.*)
Oui, j'ai compris (*bis*).

ENSEMBLE.

FIFILLE,
Il a compris ! (*4 fois.*)
BELOEIL.
Oui, j'ai compris ! (*4 fois.*)
(Elle se sauve à gauche à la fin du couplet.)

SCÈNE XIII

BELOEIL, puis GOBERGE.

BELOEIL, transporté.
Oh ! mais c'est un ange !... l'ange de l'écriteau !... oh ! oui,

* Fif. Bel.

2.

je vais la demander à son père, et tout de suite. (Il va pour sortir.)

* GOBERGE, entrant par le fond et l'arrêtant.

Ah ! je vous trouve ! enfin !...

BELOEIL.

C'est bon ! laissez-moi... (il veut sortir.)

GOBERGE, même jeu.

Un instant... tout à l'heure. — quand vous m'avez donné votre carte et vos trente-deux sous de denier à Dieu, je ne vous ai pas regardé, je regardais l'argent.

BELOEIL.

Plus tard !... je suis pressé !

GOBERGE.

Oh ! non, car je vous reconnais à présent... vous êtes le fils du père Belœil. Jeune sous sol ! j'ai un secret à vous confier !

BELOEIL.

Un secret?.. ça vous serait-il égal de remettre ça à demain ?

GOBERGE.

Non... non... Il s'agit de vous... une histoire terrible !... Nous sommes seuls ?

BELOEIL, regardant autour de lui.

Oui.

GOBERGE.

Je continue, (reprenant son récit.) Mais bien dans le Périgord qu'on cueillait ces tubercules...

BELOEIL.

Que veut dire ?

GOBERGE.

Votre père perdit le prix de ses terrains... et monsieur Rabat-Joie revendit le personnel, avec bénéfice, à tous les Véro-Dodat de sa connaissance.

BELOEIL.

Mais je n'y suis pas du tout !

GOBERGE.

Tenez !... voyez !... lisez !... (Il lui donne une masse de papiers qu'il tire de toutes ses poches, de ses manches, de son gilet, etc.)

BELOEIL, après avoir lu.

Quoi ! mon père... nétoyé par lui !... Ah ! tout mon bonheur se renverse !... Ah ! ah! (Il se laisse aller sur l'épaule de Goberge, qui s'éloigne alors de lui, il manque de tomber et va s'asseoir à gauche.)

GOBERGE, à part.

Là, maintenant que j'ai commis une mauvaise action... que

mon secret est lâché... je m'en vais plus léger! (gaiment, en voyant Rabat-joie qui entre par la gauche.) Il va y avoir du nouveau dans Landerneau ! (Il sort par le fond, en se frottant les mains.)

SCÈNE XIV

BELOEIL, RABAT-JOIE.

RABAT-JOIE, à part.
Ma fille... m'assure que le jeune-homme est préparé (haut) monsieur...

BELOEIL.
Ah ! c'est vous, monsieur.

RABAT-JOIE.
N'avez-vous pas quelque chose à me communiquer?

BELOEIL, se levant.
La communication que j'ai à vous faire la voici : monsieur Rabat-Joie vous ne valez pas grand'chose !

RABAT-JOIE.
Hein ?

BELOEIL.
Monsieur Rabat-Joie vous êtes un gredin... ou un pignouf... au choix... Et maintenant agréez l'assurance de ma considération la plus distinguée. (Il sort dignement par le fond.)

RABAT-JOIE, seul, étonné.
Etrange manière de me demander la main de ma fille !...

SCÈNE XV

RABAT-JOIE, TOINETTE, puis PALADIN.

TOINETTE, (entrant par la droite elle a sur la tête une couronne de mariée et au corsage un bouquet de fleurs d'oranger. — (A elle même.)
Il est là, tentons un dernier effort ! (Haut.) Rabat-Joie !...

RABAT-JOIE, apercevant son costume.
Qu'est-ce que c'est que ce déguisement là ?

TOINETTE.
Rabat-Joie!... c'est un rêve que je fais tout habillée !... Il me semble que j'entends les cloches! que les gens disent : Ils sont heureux! il me semble !

RABAT-JOIE.
Ah! bon ! v'là le bleu qui recommence !...

TOINETTE.
Il me semble, ô Rabat-Joie!... qu'on crie : vive la mariée! que nous sommes chez Bonvalet à boire un petit vin qui fait rire...

RABAT-JOIE.

Oui du petit bleu.

TOINETTE.

On gobelotte, on a son plumet, son jeune homme !... Il me semble enfin entendre une voix qui dit : les voyageurs pour la mairie !

Air *des Feuilles mortes.*

Vous voyez ! je supplie et je n' fais pas la fière !
Ah ! par pitié, cessez d'être mari garçon !
Ou je r'viendrai souvent renouv'ler ma prière
Toujours sur le même air et la même chanson !

RABAT-JOIE.

Oh ! non, ne m' la fait's pas ! les âmes les plus fortes
A de pareils accents ne résisteraient point !
Mais r'tenez bien ceci sur l'air *des Feuilles mortes,*
Je vous l' dis entre nous et plaisant'ri' dans l' coin :
J' n'irai pas voir le mair' !

TOINETTE.
Eh ! quoi ! jamais le mair' !
RABAT-JOIE.
Ni le mair', ni l'adjoint !

TOINETTE.

Comment ! cette couronne, ces fleurs artificielles ne t'enni-vrent donc pas ?...

RABAT-JOIE.

Non, non, non !...

TOINETTE.

Ah ! c'en est trop ! Et la femme d'azur se révolte à la fin !...

RABAT-JOIE.

Qu'est-ce à dire, madame ?

TOINETTE.

C'est-à-dire que le vase déborde !... c'est comme les ballons, il faut que ça crève ou que ça parte ! j'aime mieux en finir.

RABAT-JOIE.

Une rupture !

TOINETTE.

Eh bien, soit ! ça me fera au moins une position franche.... insupportable, mais franche !.,. je saurai quoi répondre à la fruitière... et puis j'en ai par-dessus les cheveux du Rabat-joie ! voilà-t-il pas un joli coco qui rentre chez lui quand il a le temps et qui amène dans son immeuble des Brésiliennes de Nogent-sur-Marne.

RABAT-JOIE.

Madame !

PALADIN, ouvrant la porte du fond, à lui-même.

Une scène de ménage,.. il me semble qu'il y a un cri du cœur à placer... (Il écoute.)

RABAT JOIE.

Toinette, réfléchissez bien avant de m'ôter mon collier.

TOINETTE.

C'est tout réfléchi !

RABAT-JOIE.

Une fois, deux fois !

TOINETTE.

Oui !

RABAT-JOIE.

Alors, c'est bien. — (criant) Lâchez tout ! nous sommes lâchés !...

TOINETTE.

Nous le sommes.

RABAT-JOIE.

Mais pardon ! un détail oiseux peut-être, mais un détail.... et nos enfants ?

TOINETTE.

Nos enfants ! c'est juste ! Eh bien ! ils choisiront entre nous. (Paladin disparaît.)

RABAT-JOIE.

Soit !

FISTON ET FIFILLE, en dehors.

Papa ! maman !... papa ! maman !

RABAT-JOIE.

C'est bien ! silence ! les voilà !... (Paladin entre par le fond avec Fifille et Fiston qui ont les yeux bandés et qu'il tient par la main.)

SCÈNE XVI

LES MÊMES, PALADIN, FIFILLE, FISTON.

* PALADIN.

Venez... jeunes gens ! venez !

RABAT-JOIE,

Paladin !

TOINETTE.

Nos enfants, les yeux bandés !

PALADIN.

C'est une idée à moi ! Je n'admets pas votre épreuve pour des mineurs. — Que cela se fasse ailleurs, mais pas ici... pas dans ce temple !... Ils vous choisiront au hasard !

* Rab. Fif. Pal. Fist. Toin.

RABAT-JOIE.

A collin-maillard !

PALADIN.

Oui ! à collin-maillard !... le premier de vous deux que l'un ou l'autre pincera sera celui qu'il suivra.

RABAT-JOIE.

Soit !... et maintenant... allez !

PALADIN.

Arrêtez !... l'honnêteté dans tout... même dans les choses sérieuses !.,. (A Fifille en lui montrant sa main.) combien de doigts ?

FIFILLE.

Dix-sept !

PALADIN.

C'est bien ! elle n'y voit pas ! (A Fiston.) Combien de doigts ! (Il montre ses dix doigts.)

FISTON.

Zéro ! -

PALADIN.

Tout est bien ! (frappant trois coups dans ses mains) la séance est ouverte ! (Musique. — Il les fait tourner et les lâche. — les enfants cherchent.) Et prenez garde aux meubles !

* PALADIN (descendant devant le trou du souffleur.)

Cette scène est déchirante ! (Fiston heurte une chaise. — Sans se retourner) casse-cou !

RABAT-JOIE, à part.

Sapristi ! et moi qui oubliais... mon usine de pains à cacheter ! (Il s'esquive par la gauche.)

TOINETTE de même.

Quelle étourderie ! et le linge de ma blanchisseuse. (Elle s'esquive par la droite.)

SCÈNE XVII

FISTON, PALADIN, FIFILLE.

PALADIN à lui-même.

Quand on pense qu'un père, une mère, une fille, un garçon, toute une famille, la société... la garde nationale !...

FIFILLE le prenant.

Ah ! j'en tiens un ! c'est papa ! j'ai papa !

FISTON, même jeu.

Et moi aussi.

PALADIN.

Moi !...

---

* Rab. Fist. Pal. Fif. Toin.

FIFILLE ôtant son bandeau.

Cette voix, tiens ! ce n'est pas lui !

FISTON, de même.

Eh bien ! où sont-ils donc ?

PALADIN.

Ils trichent ! (criant) Rabat-joie ! Mame Rabat-joie !...

SCÈNE XVIII

LES MÊMES, RABAT-JOIE, TOINETTE revenant.

* RABAT-JOIE.

Voilà !

TOINETTE.

Voilà !

FIFILLE. allant à sa mère.

Maman ! Oh! décidément, je la choisis !

TOINETTE. l'embrassant.

Ma fille !

PALADIN, à Rabat-Joie.

Il trichait, cet homme fort !... ah ! voilà l'espèce !... O le
cri du cœur ! il monte ! il arrive ! je l'entends ! le voilà ! (Eclatant, prenant sa mandoline et se donnant le la.) çà y est !... et tu disais que tu étais une âme d'élite !... toi !... mais tu n'es qu'un
ferblantier en délire !

RABAT-JOIE.

Paladin !

PALADIN.

Lâcher sa femme et sa fille ! mais moi aussi j'ai une femme,
moi aussi je l'ai lâchée !... mais elle a mon nom. Rabat-joie.
je t'avais pardonné ta fortune, j'avais partagé ton déjeuner,
j'allais même plus loin, j'étais sur le point de t'emprunter de
l'argent ! mais à présent, je te regarde comme ça... tiens,
tiens ! (Il crache deux fois par terre et remonte.)

RABAT-JOIE.

Ta tirade est tiède.

FISTON, montrant son père à Toinette.

Si je l'abandonne, qui est-ce qui fera son besigue...

TOINETTE.

Vas-y !...

FISTON, allant à son père.

Papa, je vous reste !

RABAT-JOIE.

Ah ! tu me restes, toi, parce que j'ai le sac.

* Rab. Fist. Pal. Fif. Toin.

FISTON.

Dame !

RABAT-JOIE.

Eh bien, monsieur mon fils, apprenez que je ne vous dois
rien... Je ne suis pas votre père.

FISTON.

Qu'est-ce que vous m'êtes alors ?

RABAT-JOIE.

Je suis votre oncle ! (à part.) Je sauve l'odieux du rôle.

FISTON.

Mais alors.... à votre compte.... ma mère serait donc ma
tante ?

RABAT-JOIE.

Il y a apparence !

FISTON, allant prendre son drapeau.

C'est bien alors !

RABAT-JOIE.

Que vas-tu faire ?

FISTON.

Embrasser ma tante et monter en ballon ! (Il va se jeter dans
les bras de Toinette, et sort en courant par le fond.)

* RABAT-JOIE.

Ah ! (Il tombe assis à gauche.)

PALADIN.

A la bonne heure !.. (à Rabat-joie) puisque tu les chasses,
je les adopte !... (Il va se placer entre Toinette et Fifille.) ** je leur
donnerai à chacune une guitare, et nous pousserons du bé-
mol, Cour des Fontaines, avec quatre chandelles. — Demandez le recueil... *Quatre hommes et un caporal... La Mule de
Pedro... la Belle Polonaise !...*

TOUS LES TROIS.

Ah ! ah ! ah ! ah !

PALADIN.

Air : Ronde du Brésilien.

Voulez-vous...
TOUS LES TROIS, répétant.
Voulez-vous...
PALADIN.
Pour deux sous...
TOUS LES TROIS.
Pour deux sous...

---

* Rab. Pal. Fif. Toin.
** Rab. Fif. Pal. Toin.

PALADIN.
Des refrains...
Tendres et badins ?
Voulez-vous... (*bis.*)
TOUS LES TROIS.
Voulez-vous... (*bis.*)
PALADIN.
Tout le répertoire pour six sous ?
TOUS LES TROIS.
Nous en avons pour tous les goûts !

(Sur la ritournelle, tous sortent par le fond, excepté Robat-Joie qui
este accablé sur sa chaise ; Goberge entre par le fond et retire les housses,
puis il ouvre au fond, à gauche, les portes d'une alcôve ; ensuite il met
une nouvelle pancarte sur laquelle on lit : CHAMBRE DE LA DEMOI-
SELLE.)

GOBERGE, s'avançant vers le public.
Je continue... (Se ravisant.) Ah! non... je n'en ai plus. (Il
sort par le fond.)
RABAT-JOIE, comme sortant d'un songe, se levant et regardant autour
de lui.
La chambre de ma fille !... (Il va au lit, retourne fiévreusement
les matelas et embrasse l'oreiller, puis, prenant les pantoufles sous le lit.)
Ses pantoufles !... (Il les considère avec attendrissement et les pose
sur le guéridon.) Ses bibelots ! (On frappe à la porte du fond.) En-
rez !...

SCÈNE XIX

RABAT-JOIE, GOBERGE,

GOBERGE, entrant par le fond.
Ci-joint ce petit sac apporté par un facteur parisien. (Il le
lui donne.)
RABAT-JOIE.
C'est bien ! (Goberge sort par le fond.) Voyons ! (Il ouvre le sac.)
Une brioche... que Fifille m'envoie !... Serait-ce une allusion
à ma conduite ? (Il met la brioche sur la table.)

SCÈNE XX

MADAME BLAGADARÈS, RABAT-JOIE.

MADAME BLAGADARÈS, entrant par le fond.
C'est moi !... Bonjour, Anatole. Vous allez bien, mon petit ?

RABAT-JOIE.

Merci! merci! (A part.) Elle chez ma fille!... c'est bien osé!

MADAME BLAGADARÈS.

Je viens de flâner. Les jambes me rentraient; je suis rentrée... Ouf!... je demande à m'asseoir. (Elle va pour s'asseoir près du guéridon.)

RABAT-JOIE, lui retirant la chaise.

Sur la chaise de ma fille!... jamais!

MADAME BLAGADARÈS, à part.

Qu'a-t-il donc ce matin?

RABAT-JOIE, à part.

Oh! Dieu! donnez-moi la force de rester un homme distingué!...

MADAME BLAGADARÈS, prenant les pantoufles.

Tiens, c'est gentil, ça!

RABAT-JOIE.

Touchez pas!... c'est les pantoufles de ma fille!

MADAME BLAGADARÈS.

Eh bien, après?... (Elle les met dans sa poche et passe à droite.)

RABAT-JOIE *.

Vous effarouchez les pantoufles!...

MADAME BLAGADARÈS.

Ah! une brioche! (Elle la prend.)

RABAT-JOIE, criant.

La brioche de ma fille!... Touchez pas!

MADAME BLAGADARÈS.

Quoi! touchez pas?..... J'adore la pâtisserie..... (Elle va pour mordre dedans.)

RABAT-JOIE, prenant la brioche.

Ne mangez pas!

MADAME BLAGADARÈS.

Ah! mais, monsieur Rabat-Joie, il faudrait vous défaire de cette note-là, et tâcher de retrouver votre figure des dimanches...

RABAT-JOIE.

Elle ne comprend rien!

MADAME BLAGADARÈS.

Je demande l'explication de la gravure.

RABAT-JOIE.

Air : *de Julie.*

Comprenez donc, comprenez donc, madame,
Que je bouillonne en vous voyant ici,
Que vous piétinez sur mon âme,

* Rab. madame Blag.

Quand vous touchez aux objets que voici !
Comprenez donc, enfin, que tout me porte
A vous montrer la route de Chaillot,
Et qu' si j' n'étais un homme comme il faut,
Je vous f.....icherais à la porte.

MADAME BLAGADARÈS, lui appliquant un soufflet et le saluant gra-
cieusement.
J'ai compris, cher monsieur. (Elle sort par le fond.)
RABAT-JOIE.
C'est bienheureux !... Deux secondes de plus, et je crois
que j'allais être mal élevé.

SCÈNE XXI

RABAT-JOIE, GOBERGE, puis PALADIN ET BELOEIL ; et ensuite FIFILLE.

GOBERGE , entrant par le fond.
Monsieur... il y a là M. Cadet Belœil.
RABAT-JOIE.
L'ancien prétendu de ma fille?... Encore un gêneur!
GOBERGE.
Accompagné de M. Paladin.
RABAT-JOIE.
Autre gêneur !... Faites entrer et ne vous éloignez pas.
(Goberge va au fond et fait un signe. — A lui-même.) Je flaire une
scie. (Paladin entre par le fond avec Belœil.)

Musique composée et arrangée par M. Victor Chéri.

RÉCITATIF.

PALADIN *.
Me voici !

BELŒIL.
Me voici !
RABAT-JOIE, avec dignité.
Tous deux dans mon logis?
Viendriez-vous encor cracher sur mes tapis?
PALADIN.
Non !... je suis son témoin !
RABAT-JOIE.
Très-bien ! c'est une affaire.
Goberge, demeurez
Et vous m'assisterez.
(Goberge passe près de Rabat-Joie.)

* Rab. Pal. Bel. Gob.

PALADIN *.

Je sais ce qui me reste à faire.

(A Goberge.)

Entendons-nous tous deux dans les p'tits coins.
C'est la besogne des témoins.

(Il va au fond avec Goberge et tous deux ont l'air de se consulter.)

RABAT-JOIE, à part, sur le devant.
Quell' position est la mienne?
J'ai l'air du père de Chimène.

BELOEIL, de même.
Je suis dans la passe du Cid
D'Andalousie ou de Madrid.

PALADIN, redescendant avec Goberge.

Air : Ballade de *Fra Diavolo.*

Monsieur d'mand' qu'on s'embrasse,
Je crois qu' c'est c' qu'il y a d' plus prudent.
RABAT-JOIE.
Je trouv' la d'mand' vraiment
Cocasse!
Je r'fus' !

BELOEIL.
J'en fais autant!
TOUS, très-fort.
Ah!...

PALADIN.

RÉCITATIF.

Une idée !... une lueur !...
Un dernier cri du cœur!

(L'Orchestre joue le prélude d'un grand air, Paladin s'avance comme
pour chanter.)

PALADIN, tranquillement.
Voyez-vous, mes enfants, les duels ordinaires... ça com-
mence à s'user... Il faut conduire les témoins à l'étranger,
les distraire, les nourrir... et, dans tout ça, le plus blessé,
c'est le porte-monnaie.
BELOEIL ET RABAT-JOIE.
Il a raison!
PALADIN.
C'est pourquoi j'en propose un autre où les témoins ne

* Rab. Gob. Pal. Bel.

sont pas exposés, où les gendarmes ne sont pas à craindre...
Je propose le duel au monument ! importation d'Amérique !...

RABAT-JOIE, allant à Paladin.

Qu'entendez-vous par là ?

PALADIN *, à Rabat-Joie.

Oh ! mon Dieu ! c'est bien simple !..... Vous choisissez, je
suppose, la porte Saint-Denis !...

RABAT-JOIE.

Bien !

PALADIN à Belœil.

Et vous la Porte Saint-Martin.

BELOEIL.

Soit !

PALADIN.

A une heure convenue, vous montez ; (à Rabat-joie) vous,
sur cette porte élevée à la mémoire de Ludovico Magno. (à
Belœil) Vous, sur le plateau de la Porte Saint-Martin, 132 mar-
ches... et, au signal donné, vous vous précipitez tous deux si-
multanément sur le pavé... et celui qui en réchappe est le
vainqueur.

RABAT-JOIE.

Fichtre !...

BELOEIL.

Bigre !...

PALADIN.

Nous autres témoins, nous restons en bas pour juger le
coup.

RABAT-JOIE.

Bon ! soit ! j'accepte !

BELOEIL.

Moi aussi !

Fragment de *Robert-le-Diable*.

PALADIN ET GOBERGE.
Aurez-vous ce courage ?...

RABAT-JOIE ET BELOEIL.
Oui, j'aurai ce courage !

ENSEMBLE.

Air *des Huguenots*.

RABAT-JOIE ET BELOEIL.
En mon bon droit j'ai confiance !
Pour me venger de son offense,

Rab. Pal. Bel.

3.

Le hasard décide entre nous,
J'aurai raison de son outrage !
Port' Saint-Denis }
Port' Saint-Martin } et bon courage !
Chacun pour soi, l' pavé pour tous !

PALADIN ET GOBERGE.

En son droit il a confiance !
Et, pour se venger d'une offense,
Le hasard décide entre vous.
Il aura raison d'un outrage !
Port' Saint-Denis }
Port' Saint-Martin } et bon courage !
Chacun pour soi, l' pavé pour tous !

(La musique continue piano. — A ce moment, Fifille paraît dans l'alcôve et écoute, sans être vue, en donnant les signes de la plus vive
émotion.)

RABAT-JOIE.

Aujourd'hui !

BELOEIL.

Ça va !

PALADIN.

Quelle heure ?

BELOEIL.

Trois heures !

RABAT-JOIE.

Trois heures !

PALADIN.

Soit ! — Il est moins le quart. — Nous vous attendons, et
quand le nègre du boulevart Saint-Denis sonnera... V'lan !

TOUS.

V'lan !

ENSEMBLE.

Air *des Riflemen.*

Le signal est donné ! partons pour les combats !
Et, le long du chemin, ne nous amusons pas !
Soyons tous bien certains, quand l'heure sonnera,
Que, sur les deux, il en est un qui la gob'ra !

BELOEIL.

Afin de venger papa,
J'accepte ce duel-là.

PALADIN, montrant Belœil.

Pour monsieur je choisis
La porte Saint-D'nis.

RABAT-JOIE.
Puisque je suis l'offensé,
L' monument moins haut placé
Me revient... j' prends soudain
La port' Saint-Martin.

REPRISE ENSEMBLE.

Le signal est donné! partons pour les combats! etc.

(Après cette reprise tout le monde sort par le fond, excepté Rabat-Joie qui les accompagne jusqu'à la porte et revient.)

SCÈNE XXII

FIFILLE au fond, RABAT-JOIE, puis PALADIN.

RABAT-JOIE.
Voilà pourquoi j'ai accepté. — Je me suis dit: s'il se jette,
j'aime à penser qu'il n'en reviendra pas... s'il ne se jette pas,
j'aime à penser qu'il ne reviendra plus. — Je crois que le
coup est assez malin... qu'est-ce que vous en dites!
FIFILLE s'élançant vers son père.
Je dis, papa, que ce duel n'aura pas lieu!
RABAT-JOIE.
Fifille! |
FIFILLE.
Ah! c'est ainsi que vous exposez mon fiancé à aller se ca-
ser les reins!... mais je le sauverai! (Elle va pour sortir.)
RABAT-JOIE, se mettant devant elle et l'arrêtant.
Tu ne passeras pas!
FIFILLE, cherchant à passer.
Mais dans dix minutes, le nègre va sonner!
RABAT-JOIE, l'arrêtant toujours.
Laisse-le sonner!
FIFILLE, redoublant d'efforts.
Mais il grimpe!... il grimpe encore!... il grimpe toujours!..
(Trois heures sonnent.) Ecoutez... trois heures!...
RABAT-JOIE.
Je t'assure que le nègre avançait.
FIFILLE.
Trop tard!... ah! (Elle chancelle. — Paladin entre par le fond,
portant un pouf et repousse Rabat-joie)
* PALADIN, à Rabat-joie.
On vous attend!... que vois-je?... Elle va se trouver mal...

* Fif. Pal. Rab.

(Il pose le pouf à terre ; Fifille tombe lourdement sur le parquet, la tête
posée sur le pouf. — Paladin cherche à la faire revenir à elle.)

RABAT-JOIE.

Ma fille ! (Il veut s'élancer vers elle.)

PALADIN, l'arrêtant par un geste.

N'approchez pas ! c'est vous qui l'avez tuée. (Il va pour l'em-
porter.) N'approchez pas !.,.

RABAT-JOIE, reculant dramatiquement.

Non... non !... (Il recule et disparaît par la fenêtre. — Paladin
emporte Fifille et sort par la gauche.)

ENTR'ACTE

(Musique.— Goberge entre par le fond, ferme l'alcôve et change l'é-
criteau. On voit sur l'autre ces mots . *Cinq mois après :* CHAMBRE
DU DÉNOUEMENT. — Trémolo à l'orchestre.)

GOBERGE, au public.

Eh bien ! c'est drôle... mon secret me manque.,. ça me
gêne de ne plus l'avoir... ah ! ça me gêne bien !... (Il sort par
le fond.)

SCÈNE XXIII

PALADIN, FIFILLE, TOINETTE, BELŒIL.

(Ils entrent chacun par une porte, en tenant une lettre à la main.)

TOUS lisant ensemble.

« Trouvez-vous aujourd'hui à 2 heures pour le quart dans
« la chambre du dénouement. »

(Parlé) J'y suis !

PALADIN.

Qui donc nous a écrit cette circulaire ?

TOUS.

Oui, qui ?

SCÈNE XXIV

LES PRÉCÉDENTS, RABAT-JOIE, FISTON, GOBERGE qui les
suit, puis BLADAGARÈS.

* RABAT-JOIE, entrant par le fond avec Fiston.

Moi ! (Il est tout en blanc et porte un bouquet à sa boutonnière.)

* Gob. Pal. Fif. Fist. Rab. Toin. Bla.

TOUS.

Lui!

(Rabat-joie va lentement vers sa femme et lui remet une pièce blanche.)

TOINETTE.

Cent sous! (Rabat-joie fait signe qu'elle se trompe.) que vois-je une pièce de mariage! ah!

RABAT-JOIE.

Ne me demande pas pourquoi je n'ai pas commencé par là, je n'aurais rien à répondre, quant à votre fils, je vous le ramène.

FISTON.

Mon ballon dégringolait dans le Jardin des Plantes...

RABAT-JOIE.

Il allait à l'ours, je l'ai tiré par la jambe, et le voilà. Pour ce qui est de vous, jeune cadet Belœil, j'ai été à la brasserie des Martyrs, et j'ai déclaré tout haut, qu'après moi, votre père était ce qu'il y avait de plus honorable dans la capitale. Il est réhabilité, et je vous donne ma fille.

BELOEIL.

C'est un trésor, si elle a une forte dot.

RABAT-JOIE, voyant entrer Blagadarès.

Encore!...

* BLAGADARÈS, entrant par le fond.

Mon cher... je quitte Paris... je vous donne congé!...

RABAT-JOIE.

Je l'accepte. — Bien le bonjour. — Votre femme?

BLAGADARÈS.

Ma femme... je l'ai perdue !

RABAT-JOIE.

Où ça?

BLAGADARÈS.

Au lansquenet! (Il va pour sortir.)

RABAT-JOIE.

Restez donc... Vous n'êtes pas de trop. — Eh bien! Paladin, l'homme au cri du cœur, es-tu content? Qu'en dis-tu?

PALADIN, passant près de Fiston.

Ce que j'en dis? voilà! (au public.)

Air d'Hervé.

Ceci se passait au Gymnase...

RABAT-JOIE.

Où l'on se presse, où l'on s'écrase.

BELOEIL.

Le public était dans l'extase.

* Gob. Pal. Fif. Fist. Blag. Rab. Toin. Bel.

GOBERGE.

Cent fois la pièce se joua

TOINETTE.

Nous n'en d'mandons pas plus que ça !

TOUS.

Ah ! que nous scrions heureux
Si le public joyeux
Partage cette extase !
De même qu'au Gymnase,
S'il apport' son argent,
Le caissier s'ra content.

IN.

Coulommiers. — Imprimerie de A. MOUSSIN.